Schmuck-Kreationen

mit Perlmutt

Gaby Wiedemann

Wave

Kette

Material

- 7 schwarze handbemalte Glasperlen „Welle", 18 x 16 mm
- 8 weiße Perlmutt-Elemente „Oval"
- 9 weiße spitz ovale Perlmutt-Elemente
- je 1 Dose schwarze Farfalle: 3,2 x 6,5 mm, 2 x 4 mm
- silberner Knebelverschluss
- 4 silberne Quetschperlen
- Nylonfaden, Ø 0,25 mm

Zu Beginn den Nylonfaden mittig mit zwei Quetschperlen an einem Knebelverschlussteil befestigen. Nun auf beide Fäden zusammen etwa 9 cm weit im Wechsel kleine und große Farfalle fädeln. Ein ovales Perlmutt-Element hinzufügen, nochmals 2 cm weit mit den Farfalle fortfahren und eine Glaswelle aufziehen.

Anschließend die Fäden teilen und zweispurig nach Belieben oder laut Abbildung weiterarbeiten. Auf den inneren Faden ca. 19 cm und auf den äußeren ca. 26 cm Perlen auffädeln. Danach die Fäden wieder zusammenführen und wie die Gegenseite beenden.

Ohrringe

Material

- schwarze Farfalle: 3,2 x 6,5 mm, 2 x 4 mm
- 2 schwarze handbemalte Glasperlen „Welle", 18 x 16 mm
- 2 weiße spitz ovale Perlmutt-Elemente
- 2 silberne Ohrhaken
- 2 silberne Quetschperlen
- Nylonfaden

Das Perlmutt-Element mittig auf einen Nylonfaden fädeln. Nun zu beiden Seiten im Wechsel insgesamt sechs große und kleine Farfalle auffädeln. Beide Fäden durch eine kleine Farfalle, die Glaswelle und noch eine kleine Farfalle führen. Das Ganze mit einer Quetschperle am Ohrhaken befestigen.

Impressum:

© 2008 Bücherzauber Verlag GmbH, 41540 Dormagen

ISBN: 978-3-86545-243-6 ▪ Best.-Nr.: 45243

Fotos: Andrea Splietker
Styling: Andrea Splietker
Layout/Satz/Bildbearbeitung: Andrea Splietker
Druck: Merkur Druck GmbH & Co. KG, Detmold ▪ www.merkur-druck-online.de

1. Auflage 2008

Vorwort

In diesem Buch zeige ich Ihnen, wie sich verschiedene Perlmutt-Elemente mit Glasperlen, Farfalle, Rocailles und sonstigen Perlen aller Art herrlich kombinieren lassen.

Lassen Sie sich einfach inspirieren von meinen Anregungen und fertigen Sie in allerkürzester Zeit Ihre eigenen wunderschönen Schmuck-Highlights, passend zu Ihrer aktuellen Garderobe, an. Egal ob sportlich oder elegant – mit diesen Trendteilen liegen Sie absolut richtig.

Versuchen Sie doch mal, eine Kette in anderen Farben herzustellen. Sie werden sehen, sie bekommt so einen ganz anderen Charakter.

Beim Erstellen Ihrer individuellen Schmuckstücke wünsche ich Ihnen ein kreatives Händchen und beim Tragen viele bewundernde Blicke.

Ihre

Gaby Wiedemann

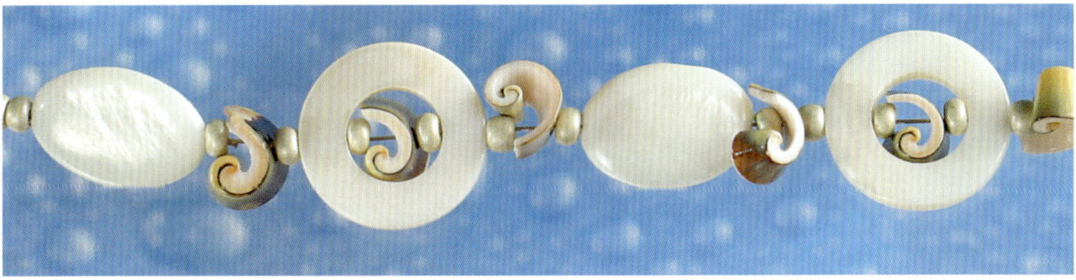

Material & Werkzeug

- Nylonfaden
- Niet- und Kettelstifte
- Ankerketten
- Ohrhaken
- Kettenverschlüsse
- Ringel
- Quetschperlen
- 2 Flachzangen
- Rundzange
- Seitenschneider
- Schere
- Glasperlen in verschiedenen Formen und Farben
- Rocailles
- Kunststoffperlen
- Aufreihnadel
- Swarovski-Perlen
- verschiedene Perlmutt-Elemente
- Häkelperlen
- Glas-Disks
- Glas-Nuggets
- Polarisperlen
- Farfalle oder Papillons (zwei Bezeichnungen für eine Perlenform, die einem Schmetterling ähnelt, im Text werden im Wechsel beide Namen verwendet)

Wichtig:
Nicht jeder Lieferant hat die gleiche Farbauswahl.

So wird's gemacht!

Flachzange

Mit zwei Flachzangen die Kettenglieder neben der Öffnung fassen und so zum Öffnen und Schließen auseinander und wieder zusammenbiegen.

Quetschperlen

Quetschperlen werden zum Befestigen des Verschlusses verwendet. Das Endstück des Nylonfadens oder Schmuckdrahtes durch eine Quetschperle, den Verschluss und wieder durch die Quetschperle zurückführen. Den Nylonfaden bzw. Schmuckdraht stramm ziehen und die Quetschperle mit einer Flachzange gut zusammendrücken. Den Faden durch ein paar Perlen zurückfädeln und abschneiden.

Ringel

Ringel mit einer Flachzange öffnen, das Schmuck-Teil einhängen, an der Kette platzieren und wieder mit der Flachzange verschließen.

Ankerketten

Ankerketten sind Gliederketten, die es in verschiedenen Ausführungen gibt. Zum Zerlegen der Ketten wie oben beschrieben mit zwei Flachzangen einzelne Kettenglieder auf- und zu biegen.

Rundzange

Mit einer Rundzange lassen sich an den Kettel- bzw. Nietstiften die Ösen biegen. Mit der Zangenspitze kann eine sehr kleine Öse und mit dem breiten, hinteren Teil der Zange eine etwas größere Öse gebogen werden.

Niet- und Kettelstifte

Kettelstifte haben an einer Seite eine Öse. Die Perlen auffädeln und den Kettelstift ggf. kürzen. Das offene Ende mit einer Rundzange zu einer weiteren Öse biegen. Kettelstifte eignen sich, um Kettenstücke miteinander zu verbinden.

Nietstifte haben an einem Ende ein Köpfchen und werden verwendet, wenn als Abschluss eine Perle benötigt wird. Die Perlen auffädeln und den Nietstift ggf. ebenfalls kürzen. Das offene Ende zu einer Öse biegen und den Nietstift vor dem Verschließen der Öse an der gewünschten Position der Kette oder des Armbandes einhängen. Schöner hängt der Nietstift, wenn er mit einem Ringel befestigt wird.

Fire & Ice

Kette

Material

- 6 flake red jasper Nugetts, Ø 10-20 mm
- 3 weiße offene Perlmutt-Elemente „Quadrat"
- 3 weiße Perlmutt-Elemente „Rechteck"
- 2 weiße gewachste runde Schliffperlen, Ø 10 mm
- 4 orange Renaissanceperlen, Ø 6 mm
- 4 kupferne Antikscheiben
- kupferne Gliederkette, 0,5 m lang
- 10 kupferne Kettelstifte
- kupferner Nietstift
- kupferner Knebelverschluss

Die Kettelstifte laut Abbildung oder nach Belieben mit Perlmutt-Elementen, Perlen sowie Nuggets bestücken. Dabei die offenen Perlmutt-Quadrate mit einem Nugget auffüllen. Die Stiftenden zu Ösen biegen. Den Nietstift mit einem Stein-Nugget bestücken und auch hier eine Öse biegen.

Nun acht Kettelstifte miteinander verbinden und dazu jeweils drei Kettenglieder zwischen die Stifte setzen. Nach vier Stiften einmal sieben Kettenglieder einarbeiten und anschließend wieder je drei Glieder zwischen die restlichen Stifte setzen.

Die übrigen drei Stifte mit je zwei Kettengliedern verbinden und mittig an der Stiftkette anhängen. An den Enden der Kette die restliche geteilte Gliederkette anbringen und die Knebelverschlussteile ergänzen.

Ohrschmuck

Material

- 2 flake red jasper Nugetts, Ø 10-20 mm
- 2 weiße gewachste runde Schliffperlen
- 2 orange Renaissanceperlen, Ø 6 mm
- 2 kupferne Ohrhaken
- 4 kupferne Antikscheiben
- 2 kupferne Kettelstifte
- 2 kupferne Nietstifte

Die Niet- und Kettelstifte laut Abbildung oder nach Belieben bestücken. Anschließend die Enden zu Ösen biegen und dabei je einen Kettel- und Nietstift miteinander verbinden. Zuletzt die Anhänger an den Ohrhaken anbringen.

Black & White

Kette

Material

- 5 weiße spitz ovale Perlmutt-Elemente
- 3 weiße offene Perlmutt-Elemente „Kreis"
- 2 weiße offene Perlmutt-Elemente „Oval"
- 20 cristall AB Swarowski-Perlen, Ø 6 mm
- 3 matte schwarze Polarisperlen, Ø 10 mm
- 2 matte schwarze ovale Polarisperlen
- schwarze Farfalle, 3,2 x 6,5 mm: matt, glänzend
- glänzende schwarze Farfalle, 2 x 4 mm
- 5 silberne Quetschperlen
- silberner Knebelverschluss
- nylonummantelter Schmuckdraht, 60 cm lang
- Nylonfaden, Ø 0,25 mm, 20 cm lang

Zunächst fünf spitze Perlmutt-Elemente mittig auf einen Nylonfaden fädeln. Auf beide Enden je zwei kleine Farfalle fädeln und dann beide Fäden zusammen laut Abb. durch ein rundes offenes Perlmutt-Element, eine schwarze Polarisperle und eine Quetschperle führen. Den Faden mittig mithilfe der Quetschperle am Schmuckdraht befestigen.

Die übrigen Perlen und Perlmutt-Elemente wie vorgegeben oder nach Belieben auf den Schmuckdraht fädeln und dabei beide Seiten gegengleich arbeiten. Bei gewünschter Länge die Knebelverschluss-Teile anbringen und mit Quetschperlen fixieren.

Armband

Material

- 4 weiße offene Perlmutt-Elemente „Kreis"
- 4 matte schwarze Polarisperlen, Ø 10 mm
- 5 cristall AB Swarowski-Perlen, Ø 6 mm
- schwarze Farfalle, 3,2 x 6,5 mm: matt, glänzend
- 2 silberne Quetschperlen
- silberner Knebelverschluss
- silberner Schmuckdraht

Den Schmuckdraht mit einer Quetschperle an einem Knebelverschlussteil befestigen. Alle Perlen nach Belieben oder gemäß Abbildung auffädeln. Bei Erreichen der gewünschten Länge das andere Knebelverschlussteil mit einer Quetschperle fixieren.

Ohrringe

Material

- 2 weiße offene Perlmutt-Elemente „Oval"
- 4 cristall AB Swarowski-Perlen, Ø 6 mm
- 2 matte schwarze ovale Polarisperlen
- 2 silberne Ohrhaken
- 2 silberne Nietstifte

Auf jeden Nietstift ein Perlmutt-Element und eine von Swarovskis umschlossene Polarisperle setzen. Dabei beachten, dass die Perlen in der Öffnung des Perlmutt-Elements liegen. Die Nietstifte durch Biegen einer Öse an den Ohrhaken einhängen.

Green with heart

Kette

Material

- antikgoldener Anhänger „Herz", 22 x 25 mm
- 3 grüne offene Perlmutt-Elemente „Oval", 30 x 20 mm
- 3 grüne Perlmutt-Elemente „Oval", 18 x 13 mm
- 2 grüne Perlmutt-Elemente „Oval", 30 x 16 mm
- 2 hellgrüne Polarisperlen, Ø 15 mm
- hellgelbe Glaschips AB
- 9 facettierte jet nut Glasperlen, Ø 6 mm
- antikgoldene grobgliedrige Kette
- 10 antikgoldene Kettelstifte
- antikgoldener Knebelverschluss
- 6 antikgoldene Ringel

Die Kettelstifte nach Belieben oder laut Abbildung bestücken. Nun acht Stifte miteinander verbinden und dabei immer, bis auf die Mitte, zwei Kettenglieder mit einarbeiten. In der Mitte vier Kettenglieder dazwischen setzen. An den Enden jeweils etwa 15 cm lange Stücke der Gliederkette anbringen und daran die Knebelverschlussteile einhängen. Abschließend die übrigen zwei Kettelstifte und den Herzanhänger miteinander verbinden und in der Mitte an die Kette hängen.

Ohrringe

Material

- 2 grüne Perlmutt-Elemente „Oval", 30 x 16 mm
- 4 facettierte jet nut Glasperlen, Ø 6 mm
- 6 hellgelbe Glaschips AB
- 2 antikgoldene Ohrhaken
- 2 antikgoldene lange Nietstifte

Die Perlen und Perlmutt-Elemente laut Abbildung oder nach Belieben auf den Nietstiften anordnen. Abschließend die Enden der Nietstifte zu Ösen biegen und das Ganze an den Ohrhaken einhängen.

Grüne Ringe

Kette

Material

- 3 grüne offene Perlmutt-Elemente „Kreis", Ø 30 mm
- iris-grüne Farfalle, 3,2 x 6,5 mm
- grüne Rocailles-Würfel, 4 x 4 x 4 mm
- Rocailles, Ø 2,6 mm: matt hellgrün, hellolive perlmutt
- grüner Glasperlen-Mix
- 10 silberne Quetschperlen
- silberner Knebelverschluss
- Nylonfaden, Ø 0,25 mm

Drei etwa 1 m lange Nylonfäden mit zwei Quetschperlen an einem Knebelverschlussteil befestigen. Auf einen Faden im Wechsel Farfalle und hellolive Rocailles auffädeln. Die beiden anderen Fäden etwa 65 cm weit mit Rocailles und Glasperlen bzw. Würfeln bestücken. Alle drei Stränge vorsichtig miteinander verflechten und das andere Knebelverschlussteil mit zwei Quetschperlen fixieren.

Nun auf einen etwa 60 cm langen Nylonfaden eine Quetschperle, eine Farfalle und eine Rocailles fädeln. Den Faden zurück durch die Farfalle führen und mit der Quetschperle fixieren. Im Wechsel etwa 9 cm Farfalle und Rocailles auffädeln. Danach den Faden durch eine Glasperle führen und weiterfädeln.

Mit zwei weiteren Fäden ebenso verfahren, hier allerdings Rocailles und Glasperlen bzw. Würfel auffädeln. Die beiden Fäden nach etwa 9 cm ebenfalls durch die Glasperle führen und weiterfädeln. Die drei Perlenstränge durch die drei Perlmutt-Elemente winden, die bereits hergestellte Kette mit einflechten und die Stränge durch die Perlmutt-Elemente zurückwinden. Anschließend die Fäden wieder durch die Glasperle führen, die Perlen ergänzen und mit einer Quetschperle fixieren.

White dreams

Material

- 4 weiße Perlmutt-Elemente „Rechteck", 20 x 16 mm
- cremefarbene gewachste Schliffperlen: 14 x Ø 8 mm, 6 x Ø 10 mm
- 6 Strassrondelle
- 1 Dose weiße Perlmutt-Rocailles
- 1 Dose cristall silberne Farfalle, 2 x 4 mm
- 24 smoke light Swarowski, Ø 4 mm
- silberner Knebelverschluss
- 4 silberne Quetschperlen
- 3 silberne Nietstifte
- silberner Kettelstift
- nylonummantelter Schmuckdraht, 70 cm lang

Die Niet- und Kettelstifte laut Abbildung oder nach Belieben bestücken. Einen Kettelstift mit dem Nietstift verbinden und das Ganze mittig am Schmuckdraht einhängen. Den Schmuckdraht beidseitig mit den Perlen laut Abbildung bestücken. Nach je ca. 4 cm die beiden Nietstifte mit einarbeiten und beidseitig gegengleich bis zur gewünschten Länge fädeln. Zuletzt die Knebelverschlussteile mit Quetschperlen befestigen.

Violett

Material

- 2 violette Perlmutt-Elemente „Oval“, 18 x 13 mm
- violettes Perlmutt-Element „Oval“, 30 x 16 mm
- violettes offenes Perlmutt-Element „Kreis“, Ø 30 mm
- Dose lila Metallic Würfel, 3,4 x 3,4 mm
- Dose matte lila Rocailles „Arktis“, Ø 2,6 mm
- Dose irisierende Papillon oder Farfalle, 3,2 x 6,5 mm
- 5 rosa Polaris, Ø 10 mm
- 4 silberne Quetschperlen
- 2 silberne Nietstifte
- silberner Knebelverschluss
- Nylonfaden, Ø 0,25 mm

Auf einen Nietstift eine Rocaille sowie eine Polarisperle aufsetzen und das Ende zu einer Öse biegen. Den anderen Nietstift von innen nach außen durch das offene Perlmutt-Element führen, ein großes ovales Perlmutt-Element ergänzen und beide Stifte miteinander verbinden.

Nun auf einen etwa 1 m langen Nylonfaden eine Polaris, ein ovales Perlmutt-Element, eine Polaris und 14 Rocailles fädeln. Den Faden durch das offene Perlmutt-Element führen und wieder durch die Polaris, das Perlmutt-Element und die Polaris zurückführen. Einen zweiten Faden ebenfalls durch die Polaris-Perlmutt-Kombination führen, 14 Rocailles ergänzen und den Faden wie zuvor auch zurückführen.

Die einzelnen Fadenstränge nun verschieden nach Belieben oder laut Abbildung bis zur gewünschten Länge mit Perlen bestücken. Abschließend den Knebelverschluss mit Quetschperlen an den Enden fixieren.

Spring

Material

- 3 grüne spitzovale Perlmutt-Elemente, 22 x 8 mm
- grünes offenes Perlmutt-Element „Kreis", Ø 30 mm
- 2 Dosen creme transparente Glaskraquele-Perlen, Ø 4 mm
- 1 Dose hellgrüne matte Rocailles, Ø 2,6 mm
- 8 lindgrüne Renaissance Glaswachsperlen, Ø 8 mm
- hellgrüne Polarisperlen: 3 x Ø 10 mm, 1 x Ø 6 mm
- silberner Nietstift
- silberner Knebelverschluss
- 7 Quetschperlen
- Nylonfaden, Ø 0,25 mm
- Fädelnadel

Den Nietstift laut Abb. mit dem runden Perlmutt-Element und Perlen bestücken. Auf einen 20 cm langen Nylonfaden mittig drei spitzovale Perlmutt-Elemente fädeln. Gegengleich je drei Perlen ergänzen und beide Fadenenden durch eine Quetschperle und weitere zwei Perlen führen. Den Faden durch die Öse des Nietstifts und wieder durch die Perlen zurück zur Quetschperle führen. Die Quetschperle durch Zusammendrücken fixieren.

Nun auf einen 2 m langen Nylonfaden eine Quetschperle, eine Wachsperle und 14 Rocailles fädeln, ins runde Perlmutt-Element einhängen und den Faden durch die Wachsperle und Quetschperle zurückführen. Die Quetschperle fixieren. Anschließend je eine Polaris- und Wachsperle auffädeln. Mithilfe der Fädelnadel drei Glaskraquele-Perlen, zwei Rocailles, eine Glaskraquele-Perle und wieder zwei Rocailles auffädeln. Nochmals mit dem Faden durch die letzten drei Glaskraquele-Perlen fädeln. Eine Glaskraquele-Perle, zwei Rocailles, eine Glaskraquele-Perle sowie nochmals zwei Rocailles auffädeln und wieder durch die letzten drei Glaskraquele-Perlen fädeln. Diesen Vorgang bis zur gewünschten Länge wiederholen. Abschließend mit zwei Quetschperlen ein Knebelverschlussteil anbringen und die Gegenseite gleich arbeiten.

Sweet romance

Kette

Material

- 2 rosa Häkelperlen, Ø 20 mm
- 4 offene rosa AB Perlmutt-Elemente „Oval"
- cristall AB Glasschliffperlen: 4 x Ø 10 mm, 1 x Ø 8 mm
- 10 rosa Strassrondelle
- 10 rosa Glaswachsperlen, Ø 6 mm
- cristall AB Swarovski-Perlen: 4 x Ø 6 mm, 8 x Ø 4 mm
- 10 silberne Nietstifte
- 5 silberne Kettelstifte
- silberne grobgliedrige Ankerkette
- silberner Knebelverschluss

Zu Beginn mithilfe der Nietstifte die Perlmutt-Elemente mit beiden Seiten an der Ankerkette befestigen. Die Kette und übrigen Nietstifte nach Belieben oder laut Abbildung mit den Perlen bestücken. Alle Teile in die Kettenteile einarbeiten und abschließend den Knebelverschluss anbringen.

Ohrringe

Material

- 2 offene rosa AB Perlmutt-Elemente „Oval"
- 2 cristall AB Glasschliffperlen, Ø 10 mm
- 2 rosa Strassrondelle
- 2 rosa Glaswachsperlen, Ø 6 mm
- 2 cristall AB Swarovski-Perlen, Ø 4 mm
- 2 silberne Nietstifte
- 2 silberne Ohrhaken

Alle Teile laut Abbildung auf die Nietstifte setzen und durch Biegen einer Öse an den Ohrhaken befestigen.

Deep ocean

Material

- 3 graublaue Perlmutt-Elemente „Oval", 30 x 16 mm
- graublaues offenes Perlmutt-Element „Kreis", Ø 20 mm
- graublaues offenes Perlmutt-Element „Quadrat", 25 mm
- graublaues offenes Perlmutt-Element „Oval", 30 x 20 mm
- silberner 3-Loch-Metallsteg
- je 2 altsilberne Metall-Anhänger: „Schildkröten", „Fische", „Seesterne"
- weiße Glasperle, Ø 10 mm
- weißes Glasquadrat
- 4 weiße Glasoliven
- 23 metallic blaue Swarovskiperlen, Ø 4 mm
- blaue Rocailles mit Silbereinzug
- Farfalle, 2 x 4 mm: frostfarben, cristall
- gerillte Antik-Ankerkette
- 11 antiksilberne Kettelstifte
- Schmuckdraht
- 20 antiksilberne Ringel

An drei etwa 3,5-5 cm langen Kettenstücken je einen Metall-Anhänger anbringen. Nun an zwei Kettenstücken je einen Kettelstift anbringen und diese durch die äußeren beiden Öffnungen des Metallstegs führen. An der Unterseite des Metallstegs Ösen biegen und hier zwei der vorbereiteten Anhänger befestigen. Am dritten Anhänger ein etwa 50 cm langes Stück Schmuckdraht mit einer Quetschperle befestigen. Den Schmuckdraht durch die mittlere Öffnung des Metallstegs führen und laut Abbildung oder nach Belieben Perlen auffädeln. Am Ende mit einer Quetschperle ein Knebelverschlussteil befestigen.

Die Kettelstifte bestücken und mit Ringeln in die Kette einarbeiten. Die übrigen Metall-Anhänger an gewünschter Position mit Ringeln oder Kettengliedern an der Kette anbringen. Abschließend die Ketten mit je einem Ringel an den Knebelverschlussteilen fixieren.

Strandgut

Kette

Material

- 5 weiße offene Perlmutt-Elemente „Kreis", Ø 20 mm
- 10 weiße Perlmutt-Elemente „Oval"
- 7 naturfarbene Perlmutt-Zähne, ca. 7 x 40 mm
- kleine Muscheln
- 1 Dose metallic weiße Rocailles, Ø 4 mm
- antikgoldener Knebelverschluss
- 4 antikgoldene Quetschperlen
- 7 antikgoldene Kettelstifte
- 10 antikgoldene Kettenglieder
- Schmuckdraht

Auf den Schmuckdraht in der Mitte beginnend im Wechsel laut Abb. immer eine Rocaille, ein Perlmutt-Element und eine Muschel fädeln. Zu beiden Seiten hin gleich arbeiten. Den Schmuckdraht zuletzt mit Rocailles bis zur gewünschten Länge auffüllen und mit Quetschperlen an den Knebelverschlussteilen befestigen.

Die Kettelstifte mit je einem Perlmutt-Zahn bestücken. Im Wechsel immer ein Kettenglied mit einem Kettelstift verbinden. An den beiden Enden ein zusätzliches Kettenglied anbringen und das Ganze an den runden Perlmutt-Elementen der bereits angefertigten Kette einhängen.

Armband

Material

- 3 weiße offene Perlmutt-Elemente „Kreis", Ø 20 mm
- 3 weiße Perlmutt-Elemente „Oval"
- 9 kleine Muscheln
- metallic weiße Rocailles, Ø 4 mm
- antikgoldener Knebelverschluss
- 4 antikgoldene Quetschperlen
- Schmuckdraht

Zu Beginn den Schmuckdraht mit zwei Quetschperlen an einem Knebelverschlussteil befestigen. Alle Perlen nach Belieben oder gemäß Abbildung auf den Schmuckdraht fädeln. Bei gewünschter Länge das andere Knebelverschlussteil mit zwei Quetschperlen fixieren.

Ohrringe

Material:

- 2 weiße offene Perlmutt-Elemente „Kreis", Ø 20 mm
- 2 weiße Perlmutt-Elemente „Oval"
- 2 kleine Muscheln
- metallic weiße Rocailles, Ø 4 mm
- 2 silberne Nietstifte
- 2 silberne Kettelstifte
- 2 antikgoldene Ohrhaken

Die Perlen laut Abbildung oder nach Belieben auf die Niet- bzw. Kettelstifte setzen. Anschließend die Stifte durch Biegen von Ösen miteinander verbinden und an den Ohrhaken einhängen.

Schillerndes Perlmutt

Kette

Material

- weiße offene Perlmutt-Elemente „Kreis“: 1 x Ø 30 mm, 5 x Ø 20 mm
- 4 weiße Permutt-Elemente „Kreis“, Ø 20 mm
- cristall AB Swarovski-Perlen: 27 x Ø 4 mm, 5 x Ø 6 mm
- 11 weiße gewachste Schliffperlen, Ø 10 mm
- silberner Nietstift
- 19 silberne Kettelstifte
- Verschluss mit Verlängerungskette

Zunächst zehn Kettelstifte mit je einer von kleinen Swarovski-Perlen umschlossenen Schliffperle bestücken und an den Enden Ösen biegen. Nun vier Kettelstifte und einen Nietstift mit je einem kleinen offenen Perlmutt-Element, einer großen und kleinen Swarovski-Perle bestücken. Danach das große Perlmutt-Element mit zwei kleinen Swarovskis und einer Schliffperle auf einen Kettelstift setzen. Die restlichen Kettelstifte mit den übrigen Perlmutt-Elementen bestücken. Schließlich alle Stifte laut Abbildung miteinander verbinden und an den Enden den Verschluss anbringen.

Armband

Material

- 2 weiße offene Perlmutt-Elemente „Kreis“, Ø 20 mm
- 2 weiße Permutt-Elemente „Kreis“, Ø 20 mm
- cristall AB Swarovski-Perlen: 12 x Ø 4 mm, 2 x Ø 6 mm
- 5 weiße gewachste Schliffperlen, Ø 10 mm
- 9 silberne Kettelstifte
- silberner Knebelverschluss

Die Kettelstifte wie bei der Kette auch mit den Perlen bestücken und durch Biegen von Ösen miteinander verbinden. Abschließend an den Enden je ein Knebelverschlussteil anbringen.

Ohrringe

Material

- 2 weiße offene Perlmutt-Elemente „Kreis“, Ø 20 mm
- cristall AB Swarovski-Perlen: 6 x Ø 4 mm, 2 x Ø 6 mm
- 2 weiße gewachste Schliffperlen, Ø 10 mm
- 2 silberne Kettelstifte
- 2 silberne Ohrhaken

Die Perlen laut Abbildung auf den Kettelstiften anordnen. Die Enden der Stifte zu Ösen biegen und die Ohrhaken anfügen.

Flower Power

Kette

Material

- 3 weiße offene Perlmutt-Elemente „Oval"
- 7 weiße spitz ovale Perlmutt-Elemente
- 8 orange Glasperlen, Ø 4 mm
- 3 orange handbemalte Glas-Disks, Ø 14 mm
- Dose weiße Perlmutt Rocailles
- 30 altgoldene Ankerkettenglieder, 12 mm
- antikgoldener Karabiner
- 3 antikgoldene Kettelstifte
- 6 antikgoldene Nietstifte
- 16 antikgoldene Ringel
- Nylonfaden

Anfangs sechs spitze Perlmutt-Elemente auf einen Nylonfaden fädeln und zusammenknoten. Auf beide Fadenenden zusammen zwei Rocailles fädeln. Dann auf jeden Faden eine Rocaille, vier Glasperlen und wieder eine Rocaille fädeln. Die Fäden durch ein spitzes Perlmutt-Element kreuzen und je eine Rocaille und Quetschperle auffädeln. Die Fäden durch je ein Kettenglied führen, mit den Quetschperlen befestigen und die Enden abschneiden.

Nun die Kettelstifte mit je einer Glas-Disk und zwei Rocailles bestücken. Die Nietstifte von innen nach außen durch die ovalen Perlmutt-Elemente führen und die Enden aller Stifte zu Ösen biegen. Alle Teile mit den Kettengliedern laut Abbildung oder nach Belieben verbinden. Abschließend an beiden Enden ein Ringel anbringen und den Karabiner an einem der Ringel befestigen.

Ohrringe

Material

- 6 weiße spitz ovale Perlmutt-Elemente
- 8 orange Glasperlen, Ø 4 mm
- 2 orange handbemalte Glas-Disks, Ø 14 mm
- weiße Perlmutt Rocailles
- 2 silberne Ohrhaken
- 2 silberne Quetschperlen
- Nylonfaden

Auf einen Nylonfaden mittig eine Rocaille, zwei Glasperlen, drei Perlmutt-Elemente, zwei Glasperlen und eine Rocaille fädeln. Mit beiden Fadenenden durch eine Rocaille, eine Glas-Disk und eine Rocaille fädeln. Das Ganze mit einer Quetschperle am Ohrhaken fixieren.

White beauty

Kette

Material

- 21 weiße Perlmutt-Elemente „Kreis"
- Dose silberne Rocailles, Ø 2,6 mm
- 4 silberne Quetschperlen
- silberne Verlängerungskette
- silberner Karabinerverschluss
- nylonummantelter Schmuckdraht, 0,60 m lang

Die Rocailles und Perlmutt-Elemente abwechselnd auf den Schmuckdraht fädeln. Abschließend die Verlängerungskette und den Karabinerverschluss an den Enden mit Quetschperlen befestigen.

Armband

Material

- 8 weiße Perlmutt-Elemente „Kreis"
- silberne Rocailles, Ø 2,6 mm
- 4 silberne Quetschperlen
- silberner Knebelverschluss
- nylonummantelter Schmuckdraht, 30 cm lang

Den Schmuckdraht mit zwei Quetschperlen an einem Knebelverschlussteil befestigen. Nun die Rocailles und Perlmutt-Elemente im Wechsel auffädeln. Abschließend das zweite Knebelverschlussteil mit zwei Quetschperlen anbringen.

Ohrringe

Material

- 4 weiße Perlmutt-Elemente „Kreis"
- 4 silberne Rocailles, Ø 2,6 mm
- 2 silberne Kettelstifte
- 2 silberne Nietstifte
- 2 silberne Ohrhaken

Die Perlmutt-Elemente und Rocailles laut Abbildung oder nach Belieben auf die Niet- bzw. Kettelstifte aufsetzen. Die Stifte durch Biegen von Ösen miteinander verbinden und an den Ohrhaken einhängen.

Eye of the tiger

Kette

Material

- 3 braune offene Perlmutt-Elemente „Kreis“, Ø 30 mm
- 2 braune handbemalte Glas-Disks, Ø 14 mm
- 4 cremefarbene Glaswachsperlen, Ø 8 mm
- 2 Dosen brillantgoldene Papillons, 3,2 x 6,5 mm
- Dose beige Indianerperlen, Ø 2,5 mm
- Dose bronzefarbene Rocailles, Ø 2,6 mm
- antikgoldener Knebelverschluss
- 4 antikgoldene Quetschperlen
- Nylonfaden
- Auffädelnadel

Auf einen Nylonfaden etwa 9 cm weit im Wechsel Papillons und cremefarbene Rocailles fädeln. Auf einen zweiten Faden ebenso weit im Wechsel creme- und bronzefarbene Rocailles fädeln. Beide Fäden mittig in ein Perlmutt-Element einhängen. Durch ein zweites Perlmutt-Element kreuzen und alle Fadenenden zusammen durch eine Glaswachsperle, eine Glas-Disk und eine Glaswachsperle ziehen. Danach jeden Strang verschieden nach Belieben oder laut Abbildung bis zur gewünschten Länge weiterfädeln. Die Gegenseite gleich arbeiten. Abschließend mit je zwei Quetschperlen die Knebelverschlussteile fixieren.

Ohrringe

Material

- 2 braune offene Perlmutt-Elemente „Kreis“, Ø 30 mm
- 2 braune handbemalte Glas-Disks, Ø 14 mm
- 4 cremefarbene Glaswachsperlen, Ø 8 mm
- 2 antikgoldene Nietstifte
- 2 antikgoldene Kettelstifte
- 2 antikgoldene Ohrhaken

Die Perlen laut Abbildung oder nach Belieben auf die Niet- bzw. Kettelstifte setzen. Nun die Stifte durch Biegen der Enden zu Ösen miteinander verbinden und an den Ohrhaken einhängen.

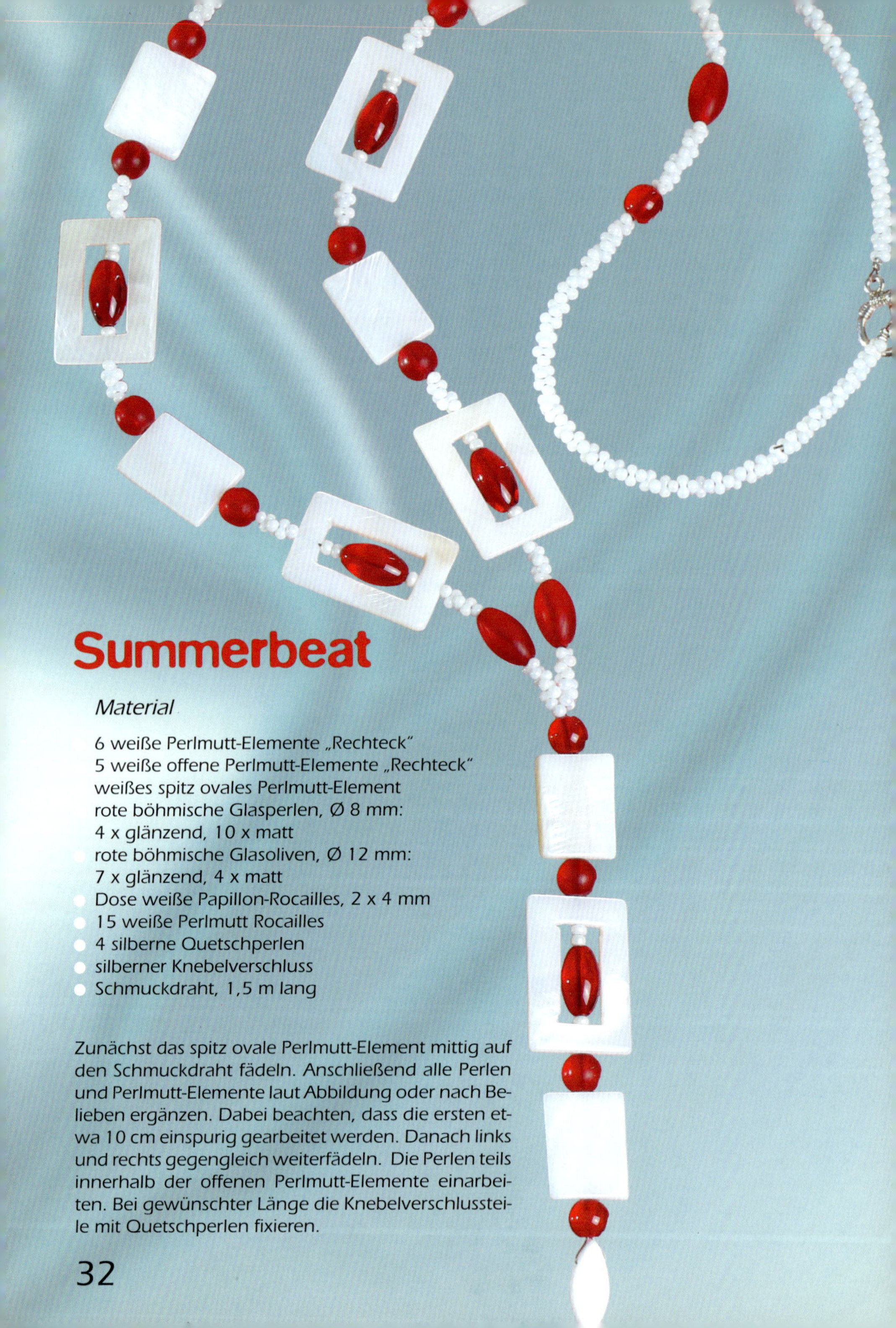

Summerbeat

Material

- 6 weiße Perlmutt-Elemente „Rechteck"
- 5 weiße offene Perlmutt-Elemente „Rechteck"
- weißes spitz ovales Perlmutt-Element
- rote böhmische Glasperlen, Ø 8 mm: 4 x glänzend, 10 x matt
- rote böhmische Glasoliven, Ø 12 mm: 7 x glänzend, 4 x matt
- Dose weiße Papillon-Rocailles, 2 x 4 mm
- 15 weiße Perlmutt Rocailles
- 4 silberne Quetschperlen
- silberner Knebelverschluss
- Schmuckdraht, 1,5 m lang

Zunächst das spitz ovale Perlmutt-Element mittig auf den Schmuckdraht fädeln. Anschließend alle Perlen und Perlmutt-Elemente laut Abbildung oder nach Belieben ergänzen. Dabei beachten, dass die ersten etwa 10 cm einspurig gearbeitet werden. Danach links und rechts gegengleich weiterfädeln. Die Perlen teils innerhalb der offenen Perlmutt-Elemente einarbeiten. Bei gewünschter Länge die Knebelverschlussteile mit Quetschperlen fixieren.